Wolfgang Losacker

SUWARROW
Vogelparadies der Südsee

Gewidmet allen Vögeln auf Suwarrow
und Papa Ioane Kaitara, ihrem Beschützer, auf dass sie
für immer in diesem Paradies bleiben können

Wolfgang Losacker

SUWARROW
Vogelparadies der Südsee

ISBN 3 88264 378 1

Gesamtherstellung und Vertrieb:
FELDHAUS VERLAG, Postfach 73 02 40, 22122 Hamburg
Printed in Germany

Inhalt

Südseeinseln

Die endlos erscheinende Weite des Südpazifiks wird nur selten unterbrochen von kleinen Inseln vulkanischen Ursprungs, die Meeresoberfläche überragenden Berglandschaften oder bereits versunkenen Krater, deren Korallensaumriffe eine unglaublich leuchtende türkisfarbene Lagune umschließen. Viele Sandstreifen, innen am Riff gelegen, Motus genannt, mit strahlend weißen Stränden, bewachsen von Kokospalmen, die sich sehnsüchtig über die Wasseroberfläche hinausbeugen.
Vom Flugzeug aus betrachtet wirken sie wie ein Traum, bunte Stecknadelköpfe auf einem großen Meer, ausgestreut von übermächtiger Hand, fast verloren aber doch so wunderbar in ihrer Erscheinung, und welche Geschichte mögen sie beinhalten in den vielen Millionen von Jahren ihres Zeitgeschehens.
Eine von diesen Inseln nennt man Suwarrow, ein Atoll in der nördlichen Hälfte der Cook Inseln gelegen, auf dem sich viele Abenteuer ereignen. Suwarrow besitzt die Form einer Mondsichel mit einem Hafen von der Natur geschaffen, eine Lagune neun mal sieben Seemeilen groß, beschützt von einem sie umgebenden Korallenriff, an dessen Innenseite sich viele Motus anschmiegen, weiße Sandstrände mit Kokospalmen und Buschwerk bewachsen. Es gibt nur eine Einfahrt durch das Riff in die Lagune. Sie liegt im Norden der Insel, und sie ist ausreichend breit und tief, um auch großen Schiffen Einlass zu gewähren. Die lange Dünung des Pazifischen Ozeans wird hier sanfter, Kabbelwasser umgibt uns, auflaufende Seen vereinigen sich mit der bei Ebbe auslaufenden Strömung. Das Korallenriff zu beiden Seiten, ein dunkles Braun, und die Brecher werfen hell in der Sonne aufleuchtenden weißen Meeresschaum darüber.

Südseeatoll unter den Wolken

Korallenriff eines
Südseeatolls bei Ebbe

Palmenbewachsene
Motus am Riff

Schon sind wir in der Lagune, in diesem türkisfarbenen Blau. Ein neuer Horizont umgibt uns, eine andere Welt, und der Himmel spiegelt sich in diesem Wasser. Ein endlos tiefes Blau, die weißen pazifischen Schäfchenwolken darin, und in der Ferne geht alles ineinander über bis auf die kleinen Sandinseln am Riff mit ihren Palmen, die dieser neuen Welt einen besonderen Rahmen verleihen.

Geschichte von Suwarrow

Niemand weiß, wer Suwarrow als erster entdeckte. Es gibt hier seltsame Überreste von Grundmauern aus Limestone, Korallenkies, aus dem 16. bis 18. Jahrhundert, die zu jener Zeit entstanden sein könnten, als spanische Galeonen über den Pazifik segelten. Sie wurden von Seeräubern gejagt, manchmal ausgeplündert, und Suwarrow galt als einer ihrer sichersten Schlupfwinkel, eine legendäre Schatzinsel.

Es wird berichtet, dass der russische Kapitän Lazareff Suwarrow im Jahre 1814 entdeckte und diese Insel nach seinem Schiff Souworoff benannte. 1889 wurde sie von Neuseeland annektiert.

Es gibt auch viele Erzählungen über reiche Schätze, die hier vergraben liegen sollen, von denen man bisher nur wenig gefunden hat. 1850 segelte ein Schoner von Tahiti nach Suwarrow, und der Bootsmann fand am Fuße eines Tamanubaumes eine Kiste voller amerikanischer Silber- und Goldmünzen.

Wenige Jahre später kam ein Händler aus Samoa, der einem betrunkenen Strandläufer eine Beschreibung über die Lage zweier Schatzkisten für 20 Dollar abgekauft hatte. Zu seiner eigenen Überraschung fand er den bezeichneten schräg wachsenden Eisenbaum und eine an seinem Fuße vergrabene Kiste gefüllt mit spanischen Doublonen sowie mexikanischen Silberbarren.

Dann das Erlebnis eines Seefahrers, der am Strand einschlief und erwachte, als eine Wasserschildkröte im Sand grub, um ihre Eier dort abzulegen. Sie stieß dabei auf den eisernen Deckel einer Truhe voll von Goldmünzen und antiken Juwelen.

Während der letzten Jahrhunderte strandeten viele Seeleute auf Suwarrow, von ihrem Kurs abgetrieben, oder ihre Schiffe endeten auf dem Korallenriff. Einige von ihnen verbrachten hier Jahre vollkommener Einsamkeit, bis sie mit viel Glück von einem anderen Schiff gefunden und gerettet wurden.

Aber auch grausame Geschichten erzählt man von Ausbeutungen einheimischer Perlmuscheltaucher durch die Habgier europäischer Freibeuter und Kapitäne, und es geschahen auch Morde. Tomahawks und Musketen wurden gefunden, und wilde Kampfszenen leben wieder auf in Gestalt von Geistern in den Träumen einiger Besucher dieser Insel.

1874 richtete die neuseeländische Firma „Henderson und Mac Farlaine" hier eine Handelsstation ein für Kopra. Kokosnussplantagen wurden angepflanzt, und man fand auch Perlaustern in der Lagune, gut geeignet zur Herstellung von Perlmutknöpfen.

Danach war Suwarrow für lange Zeit von Menschenhand verwaist.

Robert Dean Frisbie, ein amerikanischer Schriftsteller, der viele Jahre mit seiner Frau und seinen Kindern auf dem Atoll Puka Puka wohnte, beschreibt Suwarrow während eines Hurrikans, der die gesamte Insel überschwemmte, und sie überlebten nur dadurch, dass sie sich alle in den Ästen der großen Tamanubäume, dem polynesischen Mahagoni, festbanden.

Tom Neale

Im Jahre 1952 begann eine Robinsonade auf Suwarrow. Tom Neale, ein neuseeländischer Kaufmannsgehilfe, beschloss nach vielen anregenden Gesprächen mit den Kapitänen der damaligen Inselschoner der Südsee, die ihm zermürbend erscheinenden Annehmlichkeiten der Zivilisation aufzugeben und als Eremit seine Tage im idyllischen Frieden auf einer Paradiesinsel zu verbringen. Wegen der einmaligen Schönheit der Natur schien ihm dazu Suwarrow am besten geeignet. Er hat hier viele Jahre verbracht, und sein dabei geschriebenes Tagebuch, „An Island To Oneself" ist inzwischen weltberühmt geworden. Es schildert sehr dramatisch und plastisch die Mühseligkeiten und Entbehrungen eines Lebens allein auf einer Insel im grossen Südpazifik, aber auch die Einmaligkeit dieser Erlebnisse und die Romantik eines solchen Daseins.

Wir alle fühlen uns irgendwo damit verbunden, in irgendeinem Schlupfwinkel unserer Seele davon angesprochen, jeder von uns kennt diesen Traum, einmal auf einer einsamen Südseeinsel sein Paradies zu finden; und wir bewundern und beneiden Tom Neale um seinen Mut, es tatsächlich getan und geschafft zu haben.

Auch mir geht es so, und ich bin überglücklich, auf dieser Insel Suwarrow eingeladen zu sein. Seit 22 Jahren lebe ich als Arzt, Schriftsteller, Fotograph und Maler auf den Cook Inseln, von denen Suwarrow offiziell zum Vogelparadies und Naturschutzgebiet, einem Nationalpark, Worldlife Sanctuary, ernannt wurde. Es gibt einen Caretaker, einen Parkwächter hier, Ioane Kaitara, ein guter Freund, und ich bin schon sehr gespannt darauf, ihn wiederzusehen.

Tom Neales Gedenkstein

Tom Neales Gedenkbüste vor seinem Haus

Einsame,
unberührte,
weiße Sandstrände
der Motus von
Rarotonga

Pazifische Ozeanwellen laufen auf das Riff

Korallenfelsen in der Lagune

Ioane Kaitara

Vor 18 Jahren wurde ich als Inselarzt auf das Atoll Manihiki geschickt. Zu dieser Zeit erwartete Ioane die Geburt seines ersten Enkelkindes. Aber es gab Komplikationen, und die Hebamme rief mich erst, als seine Tochter unter der Geburt kollabierte. Alle Anwesenden hatten beide schon aufgegeben, aber durch glückliche Umstände schaffte ich es dennoch. Ioane wurde ein gesunder Enkelsohn geboren, und die Mutter erholte sich schnell. Von diesem Tag an schlossen wir Freundschaft. Täglich nahm er mich mit zum Fischen und Tauchen, zeigte mir alle Kunststücke, wie man Langusten aus ihren Verstecken herauslockt und auch umgeben von Haien noch Fische speert und zum Boot zurückbringt.

Vor dem Motu Anchorage sehe ich viele Segelyachten ankern, wir verlagsamen die Fahrt, und dort in einem Aluminiumdingi, das vom Strand auf uns zukommt, steht Ioane. Er winkt mir zu und geht längsseits. Ein mittelgroßer, sehr drahtig wirkender Polynesier mit einem überaus freundlichen Lachen und diesen Augen, die so eine unglaubliche Ausstrahlung besitzen.

Schiffsüberfahrt nach Suwarrow

Segelyachten ankern vor Anchorage

WELCOME TO SUWARROW
NATIONAL PARK
COOK ISLANDS

Willkommen auf Suwarrow

Ankunft

Alle helfen mir, mein Gepäck zu verladen. Mein kleines Segelboot ist schon bereit, zu Wasser gelassen zu werden, ich halte es an der Leine, und so fahren wir an Land, während der Frachter seine Reise nach Norden fortsetzt. Welch ein Gefühl, nach 5 Tagen auf rauher See wieder an Land zu sein!

„Willkommen auf Suwarrow“ steht auf einer weißen Tafel, „dem Vogelparadies der Cook Inseln.“

Ein breiter Strand, mit Kokospalmen besetzt, zwischen denen große Hängematten gespannt sind.

„Alte Fischernetze“, erklärt Ioane. „Ich fand sie vor vielen Jahren angeschwemmt auf einem der Motus.“

Wir gehen den Weg hinauf, der zu einem Haus führt, in dem Tom Neale gewohnt hat, aus einfachen Holzwänden gebaut, mit einem Wellblechdach darauf. Davor steht ein weiß gekalkter Stein mit der Inschrift:

„Tom Neale has lived his dream on this island; Tom Neale hat auf dieser Insel seinen Traum gelebt.“

In einiger Entfernung dahinter eine abgewandte Büste.

„Sie stand auf diesem Stein“, sagt Ioane, „aber seine Tochter Stella, die kürzlich Suwarrow besuchte, fand, dass sie keine Ähnlichkeit mit ihrem Vater hat und nahm sie herunter.“

Gleich daneben steht noch ein größeres Haus, zweistöckig, auf hohen Holzpfählen. Es wurde vor zwei Jahren mit neuseeländischer Hilfe hier errichtet, „wirbelsturmsicher“ wie es heißt; im Erdgeschoss ein Zementboden über einem Wassertank und oben ein Raum mit offenen Fenstern, zwei Tischen und einem großen Bett.

Willkommen auf Suwarrow

„Hier wohnst Du", sagt Ioane, „wir freuen uns sehr, dass Du gekommen bist", und er stellt mir seinen Neffen Baker vor, der hier sein Assistant ist. Baker lacht nur; ein großer, kräftiger, sehr breiter Polynesier, der eigentlich immer lacht, nicht viel spricht, etwas schüchtern ist aber sehr freundlich.
„Heute ist ein Festtag", sagt Ioane, „Du bist gekommen, und wir haben eine Rekordzahl von Segelyachten zu Besuch, so viele wie wir noch nie hier hatten, 22 Schiffe aus aller Welt."
Er zeigt mir stolz die Holztafel seines Suwarow Yacht Clubs unter der Decke, und zwei Reihen mit den verschiedensten Flaggen schmücken den Raum, Geschenke von dankbaren Seglern mit den Namen ihrer Boote darauf und der Nationalität.
Suwarrow ist ein „Port of call", ein Hafen mit der Genehmigung, den Besuch der Cook Inseln zu registrieren. So gibt es den offiziellen Stempel der Einwanderungsbehörde hier.

Korallenfelsen in der Lagune

Rußseeschwalben-
kolonie auf dem
Motu One Tree

Der Suwarrow Yachtclub
(rechts und unten)

Papa John erklärt die Karte von Suwarrow

Fahrt mit Papa John über die Lagune

Rußseeschwalben-
kolonie auf dem
Motu One Tree

Rußseeschwalben

Motus im Nordwesten

Mein erster Ausflug beginnt. Zwölf Segler und Seglerinnen steigen in Ioanes Aluminiumdingi, und er fährt uns über die jetzt ruhig in der heißen Sonne daliegende türkisfarbene Lagune nach Westen. „Whale“ heißt das erste Motu, das wir erreichen, ein flacher, langer Streifen aus Korallengestein.

„In früheren Zeiten wurden hier Knochen von großen Walen gefunden, daher der Name“, erklärt uns Ioane, „und dann planten Australier, die vor einigen Jahren Suwarrow für Perlfarmen pachten wollten, einen Flughafen zu bauen, aber unsere Regierung ernannte Suwarrow zum Nationalpark.“

Das folgende Motu heisst „One Tree.“ Wir landen, verankern das Dingi und gehen auf dem Korallensand zu dem mannshohen Buschwerk, das hier wächst. Darüber schwirrt es nur so von Vögeln, „Sooty Terns“, Rußseeschwalben genannt. Man schätzt, dass über 50.000 von ihnen auf diesem Motu leben. Sie unterhalten sich lautstark, sodass wir es schon von weitem hören können. Es sind hochfrequente Laute, einem Geschrei ähnlich, aber sehr vielfältig. Viele von ihnen sitzen auf dem Erdboden, und ihre Eier liegen überall, denn es ist Brutzeit.

„Sie bauen keine Nester, sondern brüten auf der blanken Erde“, erklärt uns Ioane.

Weiße Eier, kleiner als Hühnereier, mit unregelmäßigen bräunlichen Flecken versehen. Wir haben Mühe, zwischen ihnen hindurchzugehen. Die Seeschwalben umfliegen uns, sprechen zu uns und begleiten uns ein Stück.

Das nächste Motu, ganz im Nordwesten Suwarrows gelegen, nennt man „Turtle Island.“ Hier verläuft das Korallenriff dicht vor dem Strand, und dahinter liegt der Pazifische Ozean. „Die großen Wasserschildkröten kommen gerne vom Meer her auf diese Insel, um ihre Eier im Sand zu vergraben“, sagt Ioane.

Die Kunst des Korbflechtens

Kokosnusskrabben

Turtle ist bewachsen mit einemWald aus Kokospalmen, Pandanus und dichtem Unterholz, ideal für Kokosnusskrabben, die hier wohnen. Sie graben Tunnel im lockeren Erdreich oder nisten unter großen Baumwurzeln. Ioane prüft den Boden mit seinen Füßen und seinem Buschmesser, dann gräbt er, entdeckt eine Höhlung und schiebt seinen gesamten Arm vor, bis er eine Kokosnusskrabbe findet und herauholt. Es ist nicht einfach, er muss sie genau hinter ihren Vorderscheren greifen, sonst können sie zupacken, und ihre Zangen sind groß und sehr kräftig, mit zahnähnlichen Kneifern versehen, mit denen sie reife Kokosnüsse schälen, sie zerkleinern und verzehren. Ioane tötet sie, indem er ihnen mit bloßer Hand das Genick bricht.

„Wir nehmen nur die großen männlichen für besondere Festmahle, eine Delikatesse", sagt er, „sie kämpfen viel miteinander und töten gerne ihre jüngeren Rivalen."

Sie sehen wirklich groß und furchterregend aus, mit einem starken Panzerkleid versehen, wie aus Urzeiten, und sie bewegen sich schnell. Nachdem Ioane sieben von ihnen gefunden hat, flechtet er aus einem Palmenblatt einen Korb, legt sie hinein, nimmt ihn über die Schulter, und wir gehen zurück zum Boot. Währenddessen erzählt er uns über die Geschichte Suwarrows.

Kokosnusskrabben

Kokosnusskrabben

Abendessen

Der große Tisch ist mit Köstlichkeiten gedeckt. Die Kokosnusskrabben zeigen nach dem Kochen dunkelrote Farben, eine große Schüssel voll. Ferner gibt es Ika Mata, roher Fischsalat mit Kokosmilch angemacht, die Ioane aus geraspeltem Nussfleisch in einem Tuch auspresst. Baker hat den gesamten Nachmittag über seine geliebten Pfannkuchen zubereitet, Uto, das zarte Fleisch bereits ausgesprossener Kokosnüsse mit Mehl vermischt in heißem Öl gebraten. Jede Segelyacht bringt ein Gericht ihrer Wahl mit, Reis, Nudeln, Kartoffelsalat, oder auch einen selbst gebackenen Kuchen zum Nachtisch.

Es beginnt mit einer feierlichen Geste: Ioane öffnet den großen, dickwandigen, aus Limestone gemauerten Ofen, in dem er den etwa 30 Pfund schweren und an diesem Morgen geangelten gelbflossigen Thunfisch gebacken hat, wickelt ihn kunstvoll nach alter polynesischer Sitte in ein grünes Palmenblatt ein und serviert ihn in der Mitte der Tafel. Alle Segler, ca. 50, stehen um ihn herum, und er beginnt seine Ansprache:

„Willkommen im Yachtclub Suwarrow. Ich möchte Ihnen unseren Neuankömmling vorstellen. Er ist nicht nur mein Freund, sondern mein Bruder, er gehört zu meiner Familie, und ich bin stolz auf ihn. Er hat sein Wort gehalten und ist nach Suwarrow gekommen, hat sogar ein Schiff dafür umgeleitet und viele notwendige Güter mitgebracht."

Danach spricht Ioane das Tischgebet für alle in seiner Sprache, dem Cook Island Maori.

Ein Festschmaus mit angeregter Unterhaltung. Segler haben sich viel zu erzählen. Es sind Neuseeländer, Australier, Amerikaner, Kanadier, Südafrikaner, Engländer, Schweizer, Franzosen, Finnen, Österreicher und Deutsche; ein buntes Völkergemisch, aber sie alle lieben das Meer, ihr Boot und ihre Freiheit, obwohl sie sich einig sind: Segeln ist die mühseligste und teuerste Art, zu reisen. Jeder schwärmt von seinen Lieblingsplätzen, Inseln oder Küstengebieten, von Mexiko, den Galapagos oder der Karibik, entlegenen Welten im Pazifik, zu denen nur Yachten hingelangen können, mit den freundlichsten Einheimischen, die einen verwöhnen. Aber alle glauben sie, dass Suwarrow die Krönung überhaupt ist, die unberührte Südseeinselwelt, das Paradies der Vögel, und Ioane, Papa John, wie sie ihn liebevoll nennen, ihr Vater und Wächter. Seine polynesische Gastfreundschaft ist unnachahmlich, er nimmt jede Mühe auf sich, um ihnen alles zu zeigen, zu erklären, sie zu bewirten, zu verwöhnen und nach den langen Seereisen eine Erholung zu gönnen. Besonders die Kinder auf den Yachten lieben ihn, und es sind viele gekommen. Segler haben Zeit, sich über ihre Funkgeräte zu unterhalten, und die Kunde von Suwarrow und Papa John ist bereits berühmt unter ihnen rund um die Welt. „Suwarrow war früher bekannt als das Paradies eines einzelnen Einsiedlers, Tom Neale“, sagen sie, „der eigentlich nur allein sein wollte, wie er auch in seinem Buch beschreibt; Papa John ist das genaue Gegenteil, er tut alles nur für andere, das große Geben.“

Dann erzählen sie über Flauten, Stürme, Regenwolken, die aufs Meer herabsinken, haushohe Wellen, große Fische, die ihre Leinen fortgerissen haben, gebrochene Schäkel, Wanten und eingestürzte Masten. Die meisten Boote tragen romantische Namen als Ausdruck der Phantasie ihrer Eigentümer wie: Rostschüssel, Tänzer, Eiserne Lady, Trauma und Windpocke. Viele von ihnen sind schon Jahre unterwegs auf Weltumsegelung, andere nur für diese Saison, danach wieder nach Hause, zum Arbeiten. Sie kommen aus den verschiedensten Berufen, Handwerker, Taucher, Börsianer, Ärzte, Juristen, Kaufleute und auch Politiker, die zur Ruhe kommen möchten. Ein lustiger Verein an diesem Abend. Zu allem spielt Papa John die Gitarre, und er und Baker singen dazu polynesische Lieder. Um ein Uhr gehen die letzten zurück auf ihre Boote; viel musiziert, viel erzählt, viel getanzt, reiche Gespräche und gute Ideen, eben Weltverbesserer. So bekommen die Jungen unter ihnen einen Ansporn für neue Pläne.

Baker backt Pfannkuchen

Abendessen für alle
Hochseesegler

Abendstimmung vor Anchorage

Bakers Lieblings-
hütte am Strand

Der Morgen

Am nächsten Morgen strahlt die Sonne schon früh heiß hernieder. Einige Segler angeln von ihren Booten aus in der Lagune, und Waltraud beglückt uns mit sieben grünblauen Papageienfischen.

„Habe die ganze Familie von ihnen eingefangen", erzählt sie freudig, „machst Du uns wieder eine leckere Ika Mata davon, Papa John?"

Die Kinder spielen am Strand, schaukeln auf den Brettern, die Ioane mit starken Seilen für sie an die großen Äste gehängt hat, damit sie auch an Land die Bewegung der Ozeanwellen nicht vermissen müssen, oder sie unterhalten sich mit Baker, der am liebsten in seiner kleinen Strandhütte sitzt, auf die Lagune hinausschaut und aus den Blattstielen der Palmen kunstvolle Besen herstellt, die er dann verschenkt. Er wird nicht müde, den Kindern diese feine Arbeit wieder und wieder zu erklären, bis sie es auch selbst können.

Lagune, Riff und Ozean auf der Fahrt gen Osten zu den Gull Islands

Die Gullinseln

Am späten Vormittag fahren Ioane und ich mit dem Aluminiumdingi hinüber zu den Gullinseln im Nordosten der Lagune.

„Bei starkem Ostwind können die Yachten durch die Riffeinfahrt im Norden direkt nach Süden fahren und im Schutz dieser Inseln ankern", sagt Ioane. Das Wasser ist vollkommen klar hier, im flachen erkennen wir jeden Korallenstock und die Fische, die dort schwimmen. Vier kleine Motus sind es, nur mit niedrigem Buschwerk bewachsen.Über dem größten von ihnen steht eine Wolke von Rußseeschwalben. Wir hören sie schon von weitem schreien, alle durcheinander. Wie eine aufgeregte Unterhaltung klingt es, und hoch über ihnen schweben majestätisch einige Fregattvögel mit ausgebreiteten Flügeln dunkelschwarz gegen die zarten weißen Wolken am hellblauen Himmel. Weiter in südöstlicher Richtung liegt das völlig verrostete Wrack eines koreanischen Fischerbootes auf dem Riff. „Vor etwa 30 Jahren in einer schwarzen, stürmischen Nacht passierte es", meint Ioane, „aber niemand wurde ernstlich verletzt, ein anderes Boot ihrer Flotte nahm sie ein paar Tage später an Bord."

Danach zeigt mir Ioane ein Loch auf dem Grund der Lagune. Das schwarze Loch nennt er es. Die Wassertiefe beträgt hier etwa einen Meter, und mit einem Durchmesser von ca. drei Metern blicken wir in eine dunkle Tiefe, in die jetzt das Wasser hineingesogen wird. „Es ist ein Kanal", erklärt Ioane, „eine Verbindung zum Ozean jenseits des Riffs, das von hier gut einen Kilometer entfernt liegt. Bei Ebbe wird das Meerwasser der Lagune in das Loch hineingezogen und bei Flut sprudelt es vom Ozean kommend hier heraus." Wir setzen uns auf den Rand des Loches und lassen die Beine hineinbaumeln. „Ich bin schon hinuntergetaucht", sagt Ioane, „viele Fische und Langusten leben dort in der Tiefe."

Das Wrack eines koreanischen Fischerbootes auf dem Riff

Das schwarze Loch
in der Lagune von
Suwarrow

Über die Lagune zu den Motus, die Sieben Schwestern genannt

Rußseeschwalben über den Sieben Schwestern

Rußseeschwalben
mit Eiern auf den
Sieben Schwestern

Die Sieben Schwestern

Wir erreichen die Sieben Schwestern, „Seven Sisters Motus“ genannt. Flaches türkisfarbenes Wasser, in der Sonne strahlend, umgibt sie; weiße Sandstrände, dahinter Buschwerk und einige Kokospalmen. Auch hier fliegen große Scharen von unzähligen Rußseeschwalben, besonders über dem mittleren Motu, und auch einige Tölpel – „boobies“ – sowie rotschwänzige Tropenvögel – „redtailed tropic birds“ – ziehen hier ihre Kreise. Wir ankern im flachen Wasser und gehen auf den Strand. Überall sitzen Rußseeschwalben, und viele ihrer Eier liegen verstreut auf dem Erdboden. Die Seeschwalben schauen uns fragend an, kreischen und flattern auf, dabei trete ich aus Versehen einer auf die Flügelspitze.

„Entschuldigung“, sage ich.

„Äääāh“, antwortet sie und blickt mich wütend an.

Auf dem nächsten Motu, nur durch einen kleinen Kanal von uns getrennt, stehen Maskentölpel – „masced boobies“ –, große Vögel, die an Albatrosse erinnern. Ihre strahlend weiße Erscheinung steht in Kontrast zu ihrer schwarzen Gesichtsmaske, bis über die Augen reichend, die freundlich aber aufmerksam schauen und dann der große, kräftige gelbliche Schnabel; eine wahrhaft stolze Erscheinung.

Auf der Rückfahrt beißen zwei Makrelen – „Travellis“ – an unseren Angelhaken, die wir etwa 30 Meter hinter uns ziehen.

„Guter Fisch für Ika Mata“, meint Ioane.

Sie sind groß und flach von strahlend leuchtendem Blau.

Rußseeschwalben auf den Sieben Schwestern

Seevögel fischen in den frühen Morgenstunden

Fischen in der Lagune

Langustenfang

Am späten Abend geht Ioane mit einigen Seglern auf das Riff, um Langusten zu fangen. Es ist tiefschwarze Nacht, kein Mond, nur ein paar Sterne am Himmel. Unsere Taschenlampen zeigen uns die Korallenfelsen, Spalten und tiefe Löcher, während die Wellen neben uns in weiß schäumenden Brechern aufschlagen und die kommende Flut über unsere Füße spült.

„Die beste Zeit", sagt Ioane, „mit der Flut kommen sie herein."

Er geht sicher wie ein Traumtänzer über alle Pfützen und Unebenheiten des Riffs, während wir und auch die Kinder, die uns begleiten, über alles hinwegstolpern, ausrutschen, fallen und zum Schluss vollkommen vom Meerwasser durchnässt sind. Ioane findet sieben große Langusten, die er mit seinem Dreizackspeer aufspießt und in einen Leinensack wirft, während wir nicht eine einzige entdecken können.

„Ihre Augen reflektieren den Schein der Lampe", erklärt er, „daran erkenne ich sie", und er erzählt uns von dem Segler, der niemals eine bemerkte, weil er dachte, sie müssten immer eine rote Farbe haben. Er hatte bis dahin eben nur schon gekochte Langusten gesehen.

Rußseeschwalben über dem Motu Manu

Auf dem Motu Manu

Fischen mit Ioane

Um sechs Uhr früh weckt mich Ioane mit einer Tasse Tee.
„Zeit, um Fischen zu gehen", sagt er.
Im Dunkeln durch die Riffausfahrt Richtung Osten, dort, wo sich die Dämmerung zeigt. Über den Gullinseln stehen schon Vogelschwärme, scherenschnittartige Schatten gegen den Himmel. An langen Handleinen schleppen wir unsere Köder, Tintenfischimitationen in grellen Farben Orange und Grün, mit scharfen Doppelhaken versehen. Die See wird rauh, das Aluminiumboot tanzt auf den Wellenbergen, rutscht hinunter, fällt ins Tal, schlägt mit dem Bug auf, dass es kracht, und schon hebt der nächste Wellenkamm es wieder empor. Dabei sitzt Ioane seelenruhig im Heck und schaut geradeaus, während ich auf der Seitenbank vorne mich wie eine Katze krümme, um die harten Stöße abzufangen und versuche ein freundliches Gesicht zu behalten, als säße ich nur gerade in einer modernen Straßenbahn.
Die ersten Sonnenstrahlen blicken über den Horizont. Einige Vögel kreisen hoch über uns, Seeschwalben und auch vereinzelt Tölpel. Sie halten Ausschau nach Fischschwärmen. Ein paar von ihnen interessieren sich für unsere Köder. Sie flattern über ihnen, senken die Köpfe, lassen sich sturzflugartig herunterfallen, um sich kurz über der Wasseroberfläche wieder aufzufangen und abzudrehen.
Plötzlich ein harter Ruck an meiner Leine, sie wird schwer.
„Könnte ein großer Thunfisch sein", meint Ioane, „langsam einholen, lass dir Zeit."
Hand über Hand, die gleiche Spannung aufrecht erhaltend, hole ich Leine ein, während sie mehrmals, wenn der Zug sich verstärkt, wieder hinausgeht, bis wir einen Schatten neben dem Boot erkennen, ein großer, gelbflossiger Thunfisch ist es.
„Schleudere ihn mit einem Ruck vorne ins Boot", sagt Ioane.
Es gelingt mir. Er zappelt dort, bis ich mit der Holzkeule ihm mehrmals auf den Kopf schlage.
Dann sehe ich hinter uns einen großen Fisch hoch aus dem Wasser jagen, ein in bunten Farben wunderschön im Sonnenlicht glänzender Körper. Dreimal springt er auf Ioanes Köder, während seine Leine dabei anruckt. Dann ist er fort, und als wir den Köder einholen, zeigt er sich stark zerbissen.
„Ein Wahoo", sagt Ioane, „schwer zu fangen, einfach zu klug, sie erkennen die Stahlhaken."
Ein Schwarm von Seeschwalben voraus weist uns den Weg zu einem Fischschwarm. Dicht über der Meeresoberfläche fliegend, lassen sie sich herabfallen, sobald sie kleine Fische sehen. Diese werden auch von den großen Fischen gejagt, und so fangen wir noch drei schöne Bonitos.
„Genug für das BBQ heute Abend", meint Ioane, „wir fahren zurück."
Im flachen Wasser nimmt Ioane den Thunfisch aus; kreisförmig umschneidet er den Darmausgang an seiner Unterseite, löst die dunkelroten blutgefüllten Kiemen vollständig ab und kann so die Innereien in einem Stück herausziehen. Mit dem Meerwasser ausgewaschen ist er nun für den Ofen bereit. Alle Polynesier essen die Thunfischleber am liebsten sofort und roh. Ioane teilt sie mit mir.

Rußseeschwalben
über dem
Motu Manu

Nistende Fregatt-
vögel und ihre
Jungen auf dem
Motu Manu

Motu Manu

Das Motu Manu liegt im Westen des Atolls; eine flache Insel am Riff, nur mit Buschwerk bewachsen. Hier brüten die Fregattvögel dicht neben den Seeschwalben. Wir sehen ihre Jungen im Nest sitzen, in unterschiedlichen Altersstufen, an der Vervollständigung ihres dunkler werdenden Federkleides erkennbar, das beim Ausschlüpfen aus dem Ei nach einer Brutzeit von acht Wochen nur flaumig weiß ist.

„Sie benötigen die längste Zeit von allen Seevögeln auf Suwarrow, um flügge zu werden", erklärt Ioane, „insgesamt 31 Wochen, nachdem das Ei gelegt ist. Durch ihren am vorderen Ende hakenförmig nach unten gebogenen Schnabel sind sie leicht von anderen jungen Vögeln zu unterscheiden."

Über uns ist die Luft voll von großen schwarzen Schwingen. Fregattvögel sind Meister im Fischen, am liebsten jedoch jagen sie anderen Vogelarten, die kleiner und schwächer sind als sie selbst, ihre Beute ab, indem sie sie solange in der Luft mit fast unglaublichen Flugformationen verfolgen, bis diese aufgeben und ihre Beute ausspucken. Wir beobachten solche Szenen hier direkt über der Lagune.

Nistende Fregattvögel
und ihre Jungen auf
dem Motu Manu

Fregattvögel auf
dem Motu Manu

Fregattvögel auf dem Motu Manu

Fregattvögel unter den Wolken über dem Motu Manu

Schulung zum Schnorcheln

Ioane unterrichtet heute die Kinder im Schnorcheln und Abtauchen. Wir fahren mit dem Aluminiumboot zu einem reichen Korallengarten in der Lagune. Es ist ein heißer, sonniger Tag, und das Wasser hat eine helle türkisartige Färbung. Bei einer Tiefe von ca. fünf Metern werfen wir Anker und lassen uns mit Flossen, Brille und Schnorchel über Bord fallen. Wir fühlen uns wie in einem Aquarium, so vielfältig erscheint die Fischwelt hier; Papageienfische in unterschiedlichen blaugrünen Farben, Travellis, Zebrafische, Trompetenfische, Kaiserfische, Drückerfische, Kofferfische, Falterfische, Clownfische, Doktorfische und auch Weiß- und Schwarzspitzenhaie, die uns neugierig betrachten. Ioane zeigt uns Perlmuscheln, von denen er viele hier angesiedelt hat. Von außen wirken sie unscheinbar an den Korallenstöcken wachsend.

Das Wasser ist so warm, dass man die Zeit vergisst, aber als ein Grauhai zu aufdringlich wird, klettern wir wieder ins Boot und fahren zurück. Ioane öffnet einige der mitgebrachten Perlmuscheln, entfernt das Muschelfleisch, das roh gegessen sehr gut schmeckt, und wir betrachten die glänzenden Färbungen des Perlmut auf der Innenseite der Schalen. Ioane erklärt uns die Geheimnisse der Perlzucht vom Einpflanzen des Nukleus, des Kernes, bis zum Ernten der Perle, nachdem man die Muschel 18 Monate lang von außen geputzt und gepflegt hat, während sie in großen Netzen oder auch an langen Seilen in der Lagune aufgereiht lebt. Ioane besitzt eine eigene Perlfarm auf der Nachbarinsel Manihiki, die er sich lange Jahre hindurch aufgebaut und immer wieder vergrößert hat.

„Geld habe ich mir niemals dafür geliehen“, sagt er, „meine Bank ist das Meer. Mit aus Sträuchern handgefertigten Kollektoren, die die Samen der Muscheln in der Lagune auffangen, habe ich junge Muscheln gezüchtet für

Schnorcheln über die Lagune

meine Farm. Die Perlmuscheln der Südsee sind von einmaliger Qualität, nur in ihnen kann man die schwarzen Perlen züchten, die in aller Welt beliebt sind und gut bezahlt werden, und die Muscheln aus der Lagune von Suwarrow zeigen ganz besondere Färbungen.“

Nachdem Ioane seine Muscheln von außen geputzt, von kleinen darauf wachsenden Korallen befreit und ihre Ränder mit seinem Messer stumpfgeklopft hat, schenkt er sie uns „zum Andenken an Suwarrow“, wie er sagt. Danach setzt er sich an den Tisch und bereitet, während es zu regnen beginnt, Ika Mata für das Abendessen. Der Regen stört ihn nicht, es ist warm und die Tropfen, die von seinen Ohrläppchen herabhängen, sehen aus wie ein persönlicher Perlenschmuck.

Jeden zweiten Abend gibt es eine Einladung zum Dinner im Yachtclub Suwarrow für alle Segler. Es kommen immer neue Boote. Ioane zählt sie jeden Morgen und Abend, voller Stolz auf seine Gäste und ist traurig, wenn sie sich wieder von ihm verabschieden.

„Bleibt doch noch zu einem Abendessen“, sagt er, „es gibt noch so viel zu erzählen.“

Ein neuer Rekord, heute liegen 26 Yachten in der Lagune vor Anchorage. Sie nennen ihn den prominentesten Polynesier, den sie je getroffen haben, mit überragenden und besonderen Kenntnissen dieser Inselnatur und ihren Lebewesen zu Wasser und zu Lande.

Papa Ioane mit seinen Perlmuscheln

Lagunenfische von Suwarrow

Motu Entrance und New Island

Wir fahren zu den Motus im Süden des Atolls. Sie liegen wie zwei kleine Streifen vor uns über dem Horizont, ca. neun Seemeilen entfernt, „Entrance“ und „New Island“ genannt, Eingang und neue Insel. Wie ungeheuer groß ist doch diese Lagune. Der Wind hat nach Südosten gedreht, und wir kämpfen gegen die Wellen an, fast so wie auf dem weiten Ozean, nur in kürzeren Abständen kommen sie uns entgegen.

Wir passieren die Korallenriffe „Lewin Reef“ und später das „Perfect Reef“, die jetzt in der Morgensonne bei Ebbe wunderschön türkis leuchten. In ihrer Mitte sind die Wasserfarben besonders kräftig; wie Lagunen in der Lagune sehen sie aus. Am Motu Entrance ankern wir. Rotschwänzige Tropenvögel umkreisen uns neugierig. Menschen kommen nur selten zu Besuch wegen der großen Entfernung dieses Motus. Mehrere Vögel flattern über uns.

„Sie legen jetzt ihre Eier“, sagt Ioane.

Wir sehen mehrere Mütter auf der Erde sitzen und brüten. Sie haben keine Angst vor uns, wir könnten sie fast streicheln. Weiter geht es am Riff entlang, das hier sehr breit und ruhig daliegt. Wir haben das Empfinden, in einer anderen Welt zu sein. „An dieser Stelle passierte es, dass mich ein Tigerhai gebissen hat“, sagt Ioane, „ich hatte damals kein Messer dabei und musste ihn mit den bloßen Händen abwehren, indem ich ihn bei den Kiefern packte und sie auseinanderriss.“ New Island ist ein sehr kleines Motu mit wenig Buschwerk und einigen Kokospalmen, davor eine schöne breite Sandbank, die sich ständig vergrößert, wie mir Ioane erklärt.

Hier nisten weiße Seeschwalben – „White Terns“ –, zierliche kleine Vögel, lieb und zutraulich. Sie umfliegen uns mit verwunderten Blicken von allen Seiten.

Das Motu Entrance Island

Rotschwänzige
Tropenvögel

Rotschwänzige Tropenvögel

Feenseeschwalben-
paar auf dem
Motu New Island

Motu Valu

Auf der Fahrt in Richtung Osten am Riff entlang fangen wir mit unseren Schleppangeln mehrere große Travellis. An der südlichsten der Sieben Schwestern, Motu Valu oder auch Motu One One genannt, ziehen wir das Boot auf den Strand. Eine sehr breite Sandbank liegt hier im Norden der Insel aus rötlich weißem Korallensand, strahlend hell in der Sonne. Motu Valu ist groß und mit dichtem Buschwerk, Pandanus und vielen Kokospalmen bewachsen, ein Paradies für Kokosnusskrabben und Brauntölpel. Ioane macht ein Feuer und bedeckt die Glut mit Korallensteinen vom Strand; darauf legt er unsere frischgefangenen Travellis. Er klettert eine Palme hinauf und pflückt grüne Kokosnüsse, die er herunterwirft. Als die Fische gar sind, legt er sie auf aus grünen Palmenblättern geflochtene Teller. Wir essen mit unseren Fingern und trinken den frischen Saft der Kokosnüsse, die Ioane mit seiner Machete aufschlägt. Ein köstliches Mahl. Rote Einsiedlerkrebse umlaufen uns mit ihren Muschelhäusern und freuen sich über die Fischreste.

Am Strand von Motu Valu

Am Strand von
Motu Valu

Über die Lagune
zum Motu Valu

Ernte von
Trinkkokosnüssen

Lolly

Als wir den Strand entlanggehen, finde ich unter einem Busch ein kleines weißes Knäuel, ein etwa zwei Wochen alter Tölpel.

„Brauntölpelmütter legen für gewöhnlich zwei Eier, ziehen aber nur ein Junges groß", sagt Ioane.

Ich nehme den Kleinen auf den Arm. Ein sehr zartes, weißes, flaumiges Federkleid bedeckt ihn. Mit großen dunklen Augen schaut er mich an und pickt mich mit seinem Schnabel. Auf unserer Rückfahrt im Boot schmiegt er sich eng an und duckt sich vor den überkommenden Spritzern der Wellen. Wind kommt auf, und es regnet.

Tölpel haben ihren Namen von früheren Seefahrern bekommen, da sie so zutraulich waren, dass man sie einfach fangen konnte und viele von ihnen verzehrt wurden.

Meinen Tölpel nenne ich „Lolly." Sein Zuhause ist jetzt unser kleiner Holzschuppen, der als Wäschetrockner dient.

Am folgenden Tag beginne ich, ihn zu füttern.

„Komm, mein süßer Lolly, Du bist jetzt beim Onkel Doktor, und da muss man immer schön den Mund aufmachen und Aaah sagen."

Ich nehme den kleinen Vogel in die Hand, sperre ihm vorsichtig seinen Schnabel auf, stecke Fischstückchen tief hinein und massiere sie von außen den Hals hinunter.

„Warum tust Du das", fragt sein Blick, „das hat bisher nur meine Mutter getan, bevor ich aus dem Nest fiel."

Junger Tölpel

„Als ich Dich fand und Dir meine Hand hinhielt, hast Du danach geschnäbelt“, sage ich , „aber Du warst viel zu schwach, um mir weh zu tun und hast mich dabei so hilflos angeschaut, dass ich Dich gleich gern mochte, so habe ich Dich mitgenommen, um Dich groß zu ziehen, damit Du auch ein so schöner starker Vogel wirst wie alle die Tölpel, die hier auf Suwarrow leben.“

„Das ist sehr freundlich von Dir“, erwidert er, „ich werde es Dir nie vergessen, Du wirst für immer mein Freund sein.“

„Ich danke Dir, ich habe mir schon lange einen Vogel wie Dich als Freund gewünscht, so werde ich in Gedanken immer mit Dir fliegen, jeden Tag, wenn Du hinaus auf das weite Meer gehst. Bisher habe ich nur davon träumen können. Bald bist Du groß und stark, wirst davonfliegen und Dir selbst Fische fangen.“

„Wenn ich abends heimkomme, werde ich an Dich denken“, sagt er, „und wo immer Du auch bist, bei Dir vorbeikommen und mit meinen Flügeln schlagen.“

„Danke, das würde mich sehr freuen.“

Junger Tölpel

Frühstück mit Lolly

Mein Tölpel,
genannt Lolly

Das Innere
von Motu Tou

Abendstimmung

Zum Sonnenuntergang setzt sich Ioane gerne mit seiner Gitarre auf den Landungssteg, spielt und singt polynesische Lieder; eine romantische Stimmung, die viele Segler anzieht.
„Papa John", fragen sie ihn, „was denkst Du über die alten Geschichten von den Piratenschätzen, die hier vergraben sein sollen?"
„Ich weiß nicht", antwortet er, „sind sie auf den Motus oder vielleicht in der Lagune? In der Zwischenzeit hat sich einiges verändert durch die Wirbelstürme, die Suwarrow heimgesucht haben; besonders der schwere im Jahre 1942 hat viel Land ins Meer gespült."
„Du bist ein guter Fischer, aber wenn Du nun ein Pirat wärest, wo würdest Du Deine Schätze verstecken?"
„Viele glauben, sie würden auf der höchsten Erhebung dieses Atolls zu finden sein, das ist das Motu Tou, auch „Hohe Insel" genannt, und es wird gesagt, dass 1991 jemand dort eine Kiste mit Goldmünzen gefunden hat. Aber in jenem Jahr war ich dort und habe nichts davon bemerkt. Trotzdem ist dieses Motu übersät mit Löchern im Boden, von Grabungen herrührend. Die größten Chancen, etwas zufinden, denke ich, haben die Kokosnusskrabben, die ständig in der Erde wühlen, und ich hoffe nur, dass ich einmal eine finde mit einer Goldmünze in ihrer Zange."
Später erzählt mir Ioane persönlich, er glaube, dass die Piraten früher in der kleinen Bucht an der Nordseite von Anchorage geankert haben, die direkten Zugang zum Ozean hat.
„Dort steht eine alte, halbverfallene Hütte", sagt er, „in der ich manchmal schlafe, und dann sehe ich im Traum wild aussehende Gestalten in verschiedenen Uniformen, die sich laut unterhalten und grob lachen. Ich kann ihre Worte nicht verstehen, sie sind zu weit entfernt, aber sie flößen mir Furcht ein, ich lege dann immer meinen Dreizackspeer, mit dem ich fische, neben mich."

Motu Tou

Ausflug zum Motu Tou, seine höchste Stelle liegt fünf Meter über dem Meeresspiegel. Ein dichter Wald aus Buschwerk, Pandanus und der nur auf diesem Motu wachsenden Bäume, Tou, Pacific Rosewood oder auch Scharlachkordie genannt, überziehen es. Ein kleiner Strand, und das Unterholz im Inneren ist so dicht, dass man sich mit der Machete mühsam einen Weg schlagen muss. Die Kokosnusskrabben hier laufen einem fast über die Füße. Nur wenige Fregattvögel und Tölpel nisten auf Motu Tou.
Gleich südlich daneben liegen zwei kleine Inseln, Motu Kena genannt, und wir beobachten einige Tölpel und rotschwänzige Tropenvögel.

Rotfüßige Tölpel auf dem Motu Tou

Instandhaltung

Viele Stunden nutzen Ioane und Baker, den großen Garten sauber zu halten, fegen das heruntergefallene Laub zusammen, schneiden die Hecken und machen Feuer. Die Segler sind gebeten, keine leeren Flaschen oder Dosen an Land zu lassen, und sie helfen Ioane, tiefe Löcher zu graben, in denen der Restmüll zusammen mit getrockneten Palmenblättern verbrannt und vergraben wird. Suwarrow ist sauber, es gibt keine Ratten, nicht einmal Fliegen.
Wir verbringen gemütliche Nachmittage auf der Terrasse mit Gitarrenspiel und Unterricht für Segler, die sich an polynesischen Tänzen begeistern. Besondere Bewunderung erzielen die Fischhaken, die Ioane aus den Schalen der Perlauster anfertigt.
„Zu früheren Zeiten kannten die Polynesier nur diese", erzählt Ioane, „sie werden über der Wasseroberfläche hinter den Booten hergezogen. Ihre Reflektion der Sonnenstrahlen lockt die Thunfische an, die nach ihnen schnappen, und mit einem einzigen Ruck an der Leine kann man sie dann ins Boot schleudern."
Sie sind begehrte Sammlerstücke, und Ioane verschenkt sie an die Segler.

Allein mit den Vögeln

Ich beschließe, mit meinem kleinen Boot auf eines der Motus zu segeln, um die wirklichen Einwohner Suwarrows besser kennenzulernen. Dazu wähle ich die Sieben Schwestern aus, da sie von allen Motus die größte Vielfalt an Vögeln, die schönsten Strände und den besten Landeplatz besitzen.
Ich finde ihn auf der mittleren der Inseln. Ein kleiner Kanal führt zu einem hellen Strand aus rötlichen Korallen, Sand und Muschelkalk. Eine Insel für mich allein, nur bewohnt von Vögeln, Krabben, Eidechsen, Spinnen, Krebsen und Schmetterlingen. Hier ziehe ich mein Boot auf den Strand.
Eine herrliche Zeit beginnt. Die Vögel begrüßen mich mit den Worten, die für mich wie „peea" klingen, das ist polynesisch und bedeutet: „Wie geht es Dir?"
Tausende von Rußseeschwalben brüten hier, und die rotschwänzigen Tropenvögelmütter sitzen auf ihren Eiern, ebenso die Tölpel. Ein strahlender Sonnenuntergang, irgenwie so anders, ihn hier mit all diesen Vögeln zu teilen und gemeinsam anzuschauen.
Die erste Nacht verbringe ich in einem kleinen Zelt, das ich mitgebracht habe. Es ist für mich ungewohnt. Über mir steht der Mond, und zwischen uns fliegen die Vögel die ganze Nacht hindurch und kreischen. Dabei werfen sie sich schnell bewegende Schatten auf mein Zeltdach, die einmal klein und ein anderes Mal groß darüberhuschen und ihr Geschrei klingt dazu geisterhaft. Das Erlebnis auf dem Hamburger Dom in der Geisterbahn fällt mir wieder ein, aber dieses Schauspiel hier für mich ganz alleine ist schon etwas anderes.
Irgendwann schlafe ich dennoch ein und wache von dem Geschrei wieder auf, das so klingt, als ob sie direkt neben mir sitzen, nur durch die dünne Zeltwand getrennt. Verschiedene Vögel mit mannigfaltigen Sprachen.
Was sagen sie nur? Wollen sie mir etwas mitteilen?
Es sind so viele unterschiedliche Laute in hohen und tiefen Frequenzbereichen. Einige Seeschwalben rufen fortwährend das Gleiche, also doch eine besondere Sprache.
Neben mir auf dem Strauch wohnt ein junger Brauntölpel, etwa zwei Monate alt, er ist noch nicht flügge, und seine Mutter kommt abends vom Fischen zurück und füttert ihn.

1499

Allein mit dem
Seegelboot zu den
Sieben Schwestern

Braune Tölpel am Riff

Rendezvous der Einsiedlerkrebse

Riffkrabben

Rußseeschwalben-kolonie

Brütende maskierte
Tölpelmütter

Rußseeschwalben-
kolonie

Junge maskierte Tölpel

Sonnenaufgang

Es wird ein schöner Sonnenaufgang heute, dem Geschrei nach gefällt er auch den vielen Vögeln. Bei Ebbe gehe ich über das Riff und besuche die anderen Motus der Sieben Schwestern. Auch hier gibt es viele Tölpel und einige rotschwänzige Tropenvögel, die zum Fischen aufs Meer fliegen. Über allen kreisen hoch am Himmel die Fregattvögel, unter den weißen Wolken und dem hellen Blau. Mittags brennt die Sonne erbarmungslos herunter, so setze ich mich am Strand in den Schatten meines Segelbootes, so, wie ich es von den griechischen Fischern gelernt habe, wenn sie ihre Netze flicken und dabei ihr Pfeifchen rauchen. Dann eine kleine Segeltour; die leichte Brise ist angenehm und bringt Kühlung, oder einfach ins klare Wasser fallen lassen. Gegen 15 Uhr beginnen die rotschwänzigen Tropenvögel ihre Flüge um die Insel. Sie unterhalten sich aufgeregt und zeigen mir richtige Kunststücke. Dabei kommen sie so nahe, dass ich gut ihre roten Schwanzfedern erkennen kann, die ihnen zum Steuern dienen. Plötzlich, am Spätnachmittag, steigen alle Rußseeschwalben, die noch am Boden sitzen, auf. Eine von ihnen ruft irgend etwas, und sofort erheben sie sich in die Luft unter lautem Gesang, wie eine Schulklasse im Musikunterricht. Sie müssen einen Dirigenten haben. Dann ebbt es wieder ab, um nach einiger Zeit neu zu beginnen. Sie flattern aufgeregt und schnell in kleinen Kreisen. Die „Black Noddies“, schwarze Seeschwalben oder auch Weißkopfnoddies genannt, etwa gleich groß wie die Rußseeschwalben, nur schwarz mit einem weißen Fleck auf dem Kopf, bleiben für sich. Ich sehe sie tagsüber auf den Korallenfelsen am Riff sitzen, in kleinen Scharen zusammen, so wie Großfamilien. Nur beim Fischen draussen auf dem Meer mischen sie sich mit anderen.

Erwachsener maskierter Tölpel

Erwachsene maskierte Tölpel

Junger
maskierter Tölpel

Der Abendhimmel ist bedeckt mit Vögeln, welch ein einmaliges Panorama in dieser Inselwelt. Auf dem Motu neben mir wohnt ein Pärchen Maskentölpel. Sie sind ganz verliebt, stehen jeden Abend am Strand nebeneinander, schauen sich an und schnäbeln stundenlang. Ich kann sie sehr gut beobachten, nur durch einen schmalen Wasserkanal getrennt. Ich schlafe jetzt in meinem Segelboot direkt am Strand unter einem Himmel voller Sterne und decke mich mit dem Großsegel zu.

Heute morgen wieder zu der nördlichsten der Sieben Schwestern. Während ich gestern diese Insel einfach betreten hatte, und sofort darauf sämtliche Tölpel und rotschwänzige Tropenvögel davongeflogen waren, auf das Meer hinaus, gehe ich diesmal lamgsam auf das Motu zu und setze mich ganz still auf einen großen braunen Korallenfelsen. Als erste kommen einige Tölpel mit kräftigem Flügelschlag und weit ausgestreckten Schwingen, die Seebrise nutzend, in eleganten Kreisen dahinziehend, den stromlinienförmigen Körper lang gestreckt, die spitzen Schnäbel, der kurze Schwanz. Sie senken ihre Köpfe, um mich anzuschauen.

Die rotschwänzigen Tropenvögel dagegen, schneeweiß zum Blau des Himmels, meist zu zweit oder zu dritt mit leichtem Flügelschlag in Formationen fliegend, sich angeregt unterhaltend mit dunkel schnarrenden Tönen; voraus ihr hübscher roter Schnabel, dann die schwarzen punktförmigen Augen und hinten am Körper angelegt die schwarzen Füßchen vor dem in mehreren langen roten Federn auslaufenden Schwanz.

Dazu ein paar weiße Seeschwalben, die leicht, wie spielerisch die Aufwinde nutzend, herrliche Figuren drehend in reicher Abwechslung dicht über mir fliegen, als wollten sie sagen:

„Schau einmal, wie leicht das doch ist, so fliegen zu können, der Wind tut es für uns, der Wind vom Meer her."

Einzelne Fregattvögel stehen hoch am Himmel als kleine schwarze Punkte, mühelos dahinschwebend, alles überschauend mit weit ausgebreiteten schwarzen Schwingen, geisterhaft wie ein Phantom, dazu einen von unten weißen Oberkörper, der in einen kräftigen, am Ende hakenförmig gebogenen Schnabel ausläuft.

Sonnenuntergang über den Sieben Schwestern

Maskierte Tölpel

Tölpel im Flug

Fregattvogel

Linke Seite: Flugformationen der Rotschwänzigen Tropenvögel

Rotschwänziger
Tropenvogel

Auf dem Riff

Bei tiefster Ebbe liegt das Riff groß und braun da mit unzähligen Wasserpfützen, in denen Seeigel mit ihren tiefblauen bis violetten Stacheln wachsen. Eine friedliche Stimmung, nur das Meer brandet unaufhörlich hoch aufschäumend weiß, und in wenigen Stunden wird alles überspült und wieder dem Ozean gehören.

Riffspaziergang auf den Sieben Schwestern

Das Riff der
Sieben Schwestern

Riffspaziergang
auf den Sieben
Schwestern

Sonnenaufgang über
den Sieben Schwestern

Die Nacht

Oft wache ich nachts auf von der Unterhaltung der Vögel. Der Mond ist nach Westen gezogen, schaut mich sanft an, und sein Licht wirft ein hellglitzernde Straße über die Lagune direkt auf mich zu. Ich sehe die anderen Motus dunkel in der Ferne liegen, Motu Valu im Süden, dann Entrance und im Südwesten Motu Tou, im Nordwesten Anchorage. Sie scheinen weit, weit von mir entfernt zu sein.
Ich denke an die Zeiten, in denen Piratenschiffe über diese Lagune segelten, und ich versuche, es mir vorzustellen und wünsche mir, davon zu träumen, es mitzuerleben, warte auf Geistererscheinungen. Aber die große Lagune bleibt leer, nur das Mondlicht glitzert darauf und über uns funkeln die Sterne. Eine breite Milchstraße, das Kreuz des Südens, so klar wie ich es selten gesehen habe und ebenso der Orion. Selbst die Sternnebel wirken hier hell. Gegen vier Uhr wenn der Mond im Meer untergeht, und die Lagune tiefschwarz daliegt, beruhigen sich die Vögel ein wenig. Es wird leiser um mich herum.

Kurz nach sechs Uhr, wenn der Himmel im Osten sich rötlich zu färben beginnt, stehe ich auf und warte auf die Sonne, bis sie strahlend am Horizont aus dem Meer aufgeht. Nun wird die Vogelwelt wieder lebhaft. Sie begrüßen förmlich den neuen Morgen.

Sonnenuntergang über Suwarrow

Der Morgen

Ich lege mich auf den feinen Korallenstrand, ganz dicht an den Rumpf meines Bootes angeschmiegt und schaue in das helle Blau des Himmels, beobachte die zu feinen weißen unterschiedlichen Figuren ausgezogenen Wolken, die langsam darüber hinwegziehen, und die Vögel, die über mir kreisen.
Besonders die Seeschwalben mustern neugierig den Aluminiummast meines Segelbootes, und eine von ihnen fliegt ganz dicht an seine Spitze heran, verhält dort in der Luft und pickt mit ihrem Schnabel einige Male dagegen.

Sonnenuntergang

Bei Sonnenuntergang ist der Horizont heute vollkommen klar und wolkenlos. Der blendende Ball scheint noch an Größe zuzunehmen, sobald er den Horizont berührt. Dann steigen alle Vögel in die Luft auf und wirken wie schwarze Scherenschnitte in tanzenden Bewegungen. Die Sonne glaubt, es eilig zu haben, im Meer einzutauchen. Sie verabschiedet sich von dieser Welt mit ihren letzten Strahlen, die wie ein grüner Blitz am Horizont wirken. Das Geschrei der Vögel aber geht weiter.
Ich sitze am Strand und schaue auf das Farbenspiel an den Wolkenrändern, bis auch dieses erlischt, und es schnell dunkel wird. Nur der Mond steht über mir. Nun gehört diese Welt ihm, und er scheint damit zufrieden zu sein.
Der folgende Tag bringt eine geradezu phantastische Wetterlage. Die Vögel fliegen gemeinsam hohe Turmfiguren am Himmel, sie sehen aus wie phantasievolle Kunstwerke. Welch bewunderswerte Lebewesen, in strahlend heißer Sonne stundenlang unterwegs in den Lüften ohne Wasser, sich nur von Fischen ernährend; eine beneidenswerte Freiheit, ein Vogel zu sein. Sie spielen, sie konkurrieren miteinander, wettbewerbsmäßig in einfallsreichen Flugfiguren, berühren sich mit ihren Flügelspitzen, ja schubsen sich sogar ein wenig aneinander. Am verspieltesten erscheinen die rotschwänzigen Tropenvögel und die weißen Seeschwalben.
Gegen Abend kommen viele Rußseeschwalben von der Nahrungssuche auf dem Meer nach Hause. Sie werden von den anderen lauthals begrüßt, und dann fliegen alle zusammen noch einige Runden um die Insel bis spät in die Nacht hinein. Das Erzählen um die Erlebnisse des Tages nimmt kein Ende.

Abschied von den Sieben Schwestern

Mein letzter Morgen hier: Ich verabschiede mich von allen mir lieb gewordenen Vögeln meiner Insel, besonders von der rotschwänzigen Tropenvogelmutter und der maskierten Tölpelmutter, die brütend auf ihren Eiern sitzen, wie gerne würde ich ihr zweites Junges großziehen. Sie schauen mich erstaunt und unverständlich an, als wollten sie sagen:
„Was für ein sonderbarer Mensch."
In ihren Augen liegt keine Furcht. Ich segele davon mit einer Träne im Auge, werde ich jemals in dieses Paradies der Vögel zurückkehren ?

Sonnenuntergang
über Suwarrow

Wieder auf Anchorage

Auf Anchorage sind in der Zwischenzeit viele neue Yachten angekommen, darunter ein 27 Meter langer Schoner aus der Ukraine mit dem Namen Batkivsshchyna, Vaterland. Sie wollen in drei Tagen nach Rarotonga weitersegeln und bieten mir an mitzukommen.

Mit Ioane fahre ich noch einmal zum Motu New Island, um dort auf der großen neuen Sandbank junge Kokospalmen anzupflanzen.
„Das wird sie befestigen“, sagt er, „das schützt sie vor den Sturmfluten und Wirbelstürmen.“
Wir laden ein gutes Dutzend von ihnen ins Boot und graben sie auf der Sandbank ein.
Ioane bittet alle Segler, ihm zu helfen, den Anlegesteg weiter auszubauen, die losen Korallenblöcke mit Zement aus seinem Schuppen einzubetonieren, sodass man bei Ebbe bequem mit den Dingis dort anlegen kann. Morgens um acht Uhr stehen alle bereit mit Schaufeln und Schubkarren. Ein Baumeister aus Deutschland übernimmt die Leitung, und die junge Mannschaft aus der Ukraine freut sich besonders über die Abwechslung. Gegen Mittag ist alles vollbracht, die Pier hat jetzt die doppelte Länge, und Baker serviert große Schüsseln mit einem köstlichen Eintopfgericht.

Mit Papa Ioane zum Motu New Island

Einpflanzen von Kokusnusspalmen

Der Strand von Anchorage

Hochseesegler bei der Verlängerung der Pier von Anchorage

Papa John singt
zu seiner Gitarre.

Mein letzter Tag

Mein letzter Tag ist gekommen, noch einmal Fischen mit Ioane. Außerhalb des Riffs treffen wir auf einen Schwarm Delfine, die uns mit hohen Sprüngen und wahren Purzelbäumen freudig begrüßen.
„Sie vertreiben uns die Fische“, sagt Ioane.
Aber irgendwann rucken doch unsere Leinen, und drei große Barakudas, ein vorzüglicher Essfisch dieser Gegend, landen im Boot. Ihr Gebiss ist furchterregend, diese vielen langen, so spitzen Zähne, und ich tanze förmlich im Bug des im Seegang schleudernden Dingis mit der Holzkeule, um sie sicher zu töten, bevor ich die Angelhaken aus ihren Mäulern zu entfernen wage. Auf der Rückfahrt durch die Riffpassage verspüre ich einen heftigen Zug an meiner Leine. Sie ist nur langsam und schwer einzuholen.
„Könnte ein Grouper, ein Zackenbarsch, sein“, meint Ioane, „sie leisten gerne vermehrt Widerstand, indem sie ihr Maul weit öffnen.“ Dann erschwert sich der Zug noch einmal. Ein gut zwei Meter langer Grauhai hat meinen Grouper einfach geschluckt und hängt nun an der Angel neben dem Boot. Ioane schlägt ihm mit der Holzkeule kräftig auf die Nasenspitze. Er lässt los, und ich ziehe meinen Köder und gerade noch das Gebiss eines grossen Groupers ins Dingi.
Mein kleiner Tölpel Lolly ist schon sehr gewachsen, er bekommt mehr und mehr dunkle Federn an den Flügeln und am Schwanz. Er frisst mit gutem Appetit, reckt sich hoch und öffnet seinen Schnabel weit, um die Fischstücke, die ich ihm reiche, zu verschlingen. Er liebt es, auf meiner Schulter zu sitzen, wenn ich am Meer entlang gehe und Ausschau halte. Dann streicht er zärtlich seinen Schnabel an meinem Kopf und schlägt mit den Flügeln. „In zwei Monaten wird er flügge sein“, sagt Ioane, „ich werde mich solange um ihn kümmern, wenn Du fort bist.“

Abschied von Lolly

Aus dem Logbuch des Suwarrow-Yachtclubs

„Suwarrow ist ein Nationalpark und Papa John ist der Schatz dieser Nation.
Wir können ihm nicht genug für alles danken, das er mit uns geteilt hat: Das Fischen, die herrlichen Speisen, seine Handwerkskunst und die wunderschönen Abende an der Lagune.
Wir hoffen nur, Dich im kommenden Jahr wiederzusehen.

Wir lieben dich.
Judy und Hans"

„Wir sind voller Dankbarkeit, wir haben ein Paradies im Pazifik gefunden, und wir haben gelernt, in diesem Paradies zu leben. Es ist so eine phantastische Insel, und Papa John's Herz heißt alle willkommen.
Tausend Dank für alles, Papa John. Du hast uns wie bei Dir zu Hause fühlen lassen und das Wunder dieser Insel gezeigt.

Love
Tracy und Paul"

„Vielen, vielen Dank, Papa John, für Dein Lachen, Deine Gastfreundschaft und Dein Wissen und für alles, das Du uns gegeben hast. Ein wahres Paradies. Wir werden Dich niemals vergessen. Du bist ein großartiger Botschafter für die Nation der Cook Inseln.

In Liebe
Deine Shirley und Peter"

„Papa John und Baker, vielen Dank dafür, dass Ihr Suwarrow zu solch einer wunderbaren Insel gemacht habt und zu einem Zuhause für Segler. Eure Fürsorge hat uns begeistert. Ihr habt uns so vieles beigebracht und so herzlich mit uns gelacht. Wir fühlen uns sehr geehrt, Euch kennengelernt zu haben.
Danke für das Schnorcheln, das Essen, die Duschen, Eure Gesellschaft, die Musik, den Tanz, Eure Feste, das Fischen und besonders Euer Lachen.

Love
Denise und Phil"

„Papa John und Baker, vielen Dank für die unvergesslichen Tage, die wir mit Euch verleben durften und die Erfahrung, die wir von Euch gelernt haben, auf einem Atoll zu leben. Wir werden viele gute Erinnerungen mit uns nach Hause nehmen wie die Einladungen aller Segler zu Euren Festen. Wir danken Euch für das köstliche Essen, das Ihr für uns bereitet habt.
Wir werden an diese sonnigen, glücklichen Tage gerne zurückdenken, wenn wir wieder in unserem kalten schneebedeckten Heimatland sind, in Finnland.
Für die Zukunft wünschen wir Euch alles Gute, Gott schütze Euch.

In Liebe
Cuprin und Celli"

„Papa John und Baker. Vielen Dank für Eure Gastfreundschaft und dafür, dass Ihr Eure Erfahrungen und Euer Wissen mit uns geteilt habt. Wir werden sie für immer in uns tragen.

Love
Mark, Lore und Mike“

„Papa John und Baker, Ihr seid die beiden größten Männer auf der ganzen Welt. Eure Gastfreundschaft und Großzügigkeit wird in Zukunft legendär sein in der Gemeinschaft aller Segler.
Habt tausend Dank dafür, dass Ihr Eure Kultur und Eure Liebe zum Leben mit uns geteilt habt.

Wir wünschen Euch alles Gute.
Patrick und Francis“

„Papa John und Baker sind die besten Fürsorger für diesen wunderbaren Nationalpark, das Suwarrow Atoll. Wir hoffen, dass sie dieses Amt noch lange, lange ausführen werden. Wir trafen hier Yachten aus aller Welt: USA, Kanada, England, Deutschland, Österreich, Ukraine, Neuseeland, Australien, Südafrika und mehr. Für viele ist es der einzige Besuch auf den Cook Inseln bei der Überquerung des Südpazifiks. Die meisten bleiben nur einige Tage, um dann weiterzusegeln nach Samoa oder Tonga, und so ist dieses unser Eindruck von diesem Archipel:
Papa John und Baker sind die idealen Botschafter der Gastfreundschaft und Warmherzigkeit dieses Landes. Viele von uns sind hierhergekommen, weil sie schon von anderen, die hier waren, darüber gehört haben, und viele von uns werden diesbezüglich wiederkommen, hierher oder zu anderen Inseln der Cook Islands aufgrund der positiven Erfahrungen, Ihrer Bemühungen und Ihrer Freundschaft.
Papa John und Baker sind gute Arbeiter, die sich sehr bemühen, die Natur zu erhalten. Sie lieben das Land, die Lagune und den Ozean sowie alle Kreaturen, die hier laufen, schwimmen oder fliegen, und wir fühlen uns priviligiert, all das miterleben zu dürfen bei unseren Ausflügen zu den Motus, zum Fischen oder auch bei Riffexpeditionen. So bekommen wir eine Idee von dem Leben auf einem abgelegenen Atoll im Vergleich zu unser „Westlichen Zivilisation.“
Danke für die Zeit, die Ihr Euch genommen habt, uns zu bewirten, die Musik, das Gitarrenspiel und Euen Gesang, die traditionellen Südseelieder. Ihr habt uns viele schöne Stunden bereitet, alte Freunde wiederzutreffen, neue Freundschaften zu machen und vor allem, Euch kennenzulernen und Eure Geschichten, sodass wir von Euch lernen können, über Eure Inseln und Euer Leben hier. Wir hoffen nur, dass es immer so bleiben wird.

In Liebe
die Gemeischaft aller Segler zur Zeit in Suwarrow“

Seevögel über
Suwarrow

Sonnenuntergang
über Suwarrow

Abschied von Suwarrow

Vorbereitung der Abschiedsparty: Ioane schält viele Kokosnüsse, die reifen braunen für die köstliche Kokosnussoße und die schon ausgesprossten für die Pfannkuchen, die Baker gleich in seiner Pfanne backen wird. Dann bereitet Ioane die zwei Barakudas für den Backofen vor und heizt ein, aus dem dritten schneidet er rohen Fischsalat.
Ein besonders stimmungsvoller Abend. Judy spricht das Tischgebet, dankt Papa John und Baker für ihre Freundschaft und Großzügigkeit und wünscht allen Abreisenden viel Glück und eine gute Reise. Wir essen, wir singen, wir tanzen, und Ioane spielt dazu auf seiner Gitarre.

Der folgende Morgen ist sonnig und klar. Mein kleiner Tölpel Lolly ist so süß und zutraulich, dass mir der Abschied schwer fällt. Ioane bringt mich mit meinem Gepäck an Bord des ukrainischen Schoners, der bereits seeklar ist. Fahre wohl, Bruder, auf ein baldiges Wiedersehen!

Acht Tage auf stürmischer See und gegen den Wind, aber in meinen Gedanken und Träumen bin ich immer noch auf Suwarrow, der weiten türkisfarbenen Lagune, den Motus, den kleinen Sandinseln, mit ihren wundervollen Stränden, den Kokospalmen und den alles beherrschenden Vögeln, deren Lebensfreude und Stimmen mich nun für immer begleiten werden.

Gott gebe uns das Meer und ein Leben auf der Insel Suwarow.

Heimfahrt auf der Bikivsshchyna

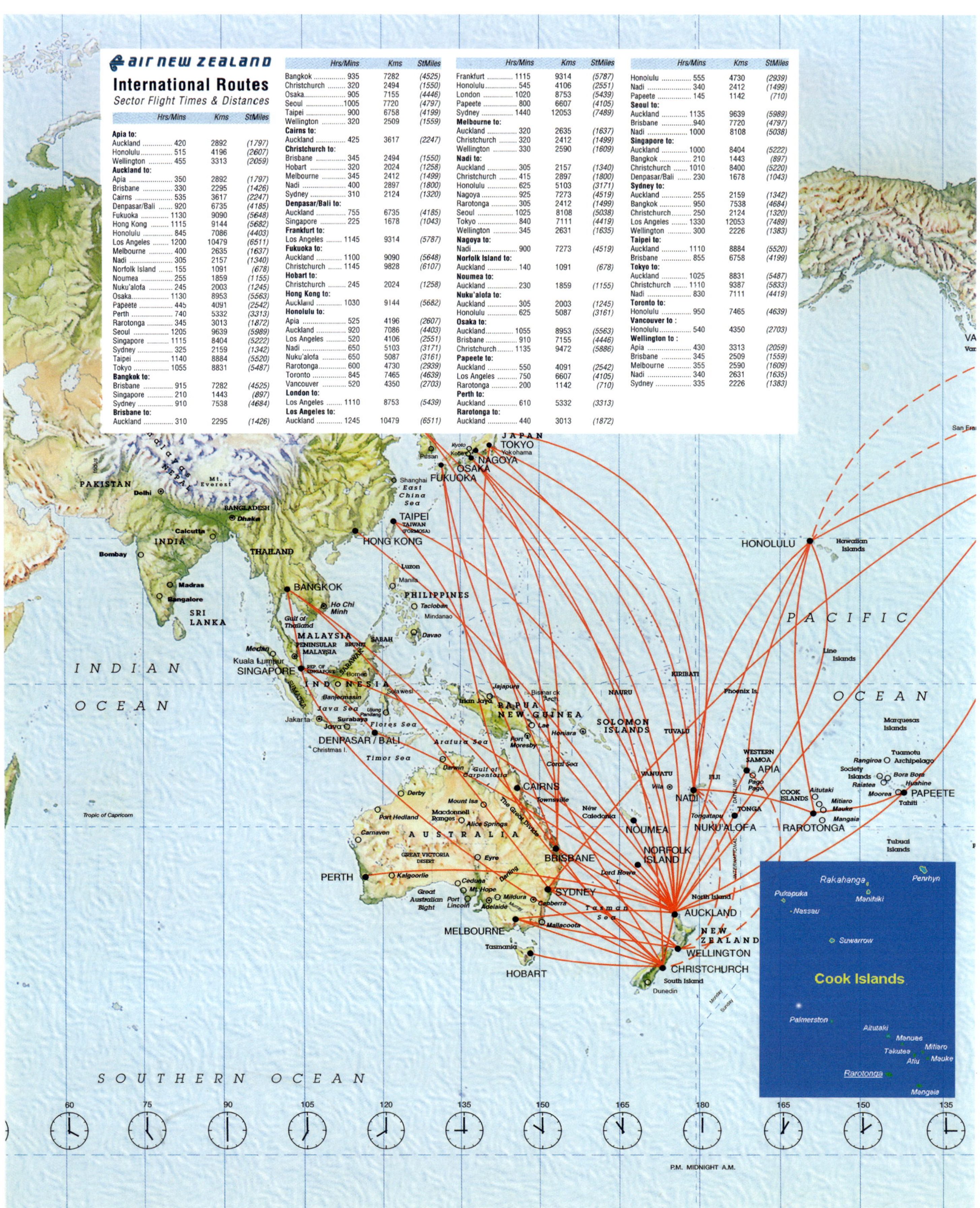

air new zealand

International Routes

Sector Flight Times & Distances

	Hrs/Mins	Kms	StMiles
Apia to:			
Auckland	420	2892	(1797)
Honolulu	515	4196	(2607)
Wellington	455	3313	(2059)
Auckland to:			
Apia	350	2892	(1797)
Brisbane	330	2295	(1426)
Cairns	535	3617	(2247)
Denpasar/Bali	920	6735	(4185)
Fukuoka	1130	9090	(5648)
Hong Kong	1115	9144	(5682)
Honolulu	845	7086	(4403)
Los Angeles	1200	10479	(6511)
Melbourne	400	2635	(1637)
Nadi	305	2157	(1340)
Norfolk Island	155	1091	(678)
Noumea	255	1859	(1155)
Nuku'alofa	245	2003	(1245)
Osaka	1130	8953	(5563)
Papeete	445	4091	(2542)
Perth	740	5332	(3313)
Rarotonga	345	3013	(1872)
Seoul	1205	9639	(5989)
Singapore	1115	8404	(5222)
Sydney	325	2159	(1342)
Taipei	1140	8884	(5520)
Tokyo	1055	8831	(5487)
Bangkok to:			
Brisbane	915	7282	(4525)
Singapore	210	1443	(897)
Sydney	910	7538	(4684)
Brisbane to:			
Auckland	310	2295	(1426)
Bangkok	935	7282	(4525)
Christchurch	320	2494	(1550)
Osaka	905	7155	(4446)
Seoul	1005	7720	(4797)
Taipei	900	6758	(4199)
Wellington	320	2509	(1559)
Cairns to:			
Auckland	425	3617	(2247)
Christchurch to:			
Brisbane	345	2494	(1550)
Hobart	320	2024	(1258)
Melbourne	345	2412	(1499)
Nadi	400	2897	(1800)
Sydney	310	2124	(1320)
Denpasar/Bali to:			
Auckland	755	6735	(4185)
Singapore	225	1678	(1043)
Frankfurt to:			
Los Angeles	1145	9314	(5787)
Fukuoka to:			
Auckland	1100	9090	(5648)
Christchurch	1145	9828	(6107)
Hobart to:			
Christchurch	245	2024	(1258)
Hong Kong to:			
Auckland	1030	9144	(5682)
Honolulu to:			
Apia	525	4196	(2607)
Auckland	920	7086	(4403)
Los Angeles	520	4106	(2551)
Nadi	650	5103	(3171)
Nuku'alofa	650	5087	(3161)
Rarotonga	600	4730	(2939)
Toronto	845	7465	(4639)
Vancouver	520	4350	(2703)
London to:			
Los Angeles	1110	8753	(5439)
Los Angeles to:			
Auckland	1245	10479	(6511)
Frankfurt	1115	9314	(5787)
Honolulu	545	4106	(2551)
London	1020	8753	(5439)
Papeete	800	6607	(4105)
Sydney	1440	12053	(7489)
Melbourne to:			
Auckland	320	2635	(1637)
Christchurch	320	2412	(1499)
Wellington	330	2590	(1609)
Nadi to:			
Auckland	305	2157	(1340)
Christchurch	415	2897	(1800)
Honolulu	625	5103	(3171)
Nagoya	925	7273	(4519)
Rarotonga	305	2412	(1499)
Seoul	1025	8108	(5038)
Tokyo	840	7111	(4419)
Wellington	345	2631	(1635)
Nagoya to:			
Nadi	900	7273	(4519)
Norfolk Island to:			
Auckland	140	1091	(678)
Noumea to:			
Auckland	230	1859	(1155)
Nuku'alofa to:			
Auckland	305	2003	(1245)
Honolulu	625	5087	(3161)
Osaka to:			
Auckland	1055	8953	(5563)
Brisbane	910	7155	(4446)
Christchurch	1135	9472	(5886)
Papeete to:			
Auckland	550	4091	(2542)
Los Angeles	750	6607	(4105)
Rarotonga	200	1142	(710)
Perth to:			
Auckland	610	5332	(3313)
Rarotonga to:			
Auckland	440	3013	(1872)
Honolulu	555	4730	(2939)
Nadi	340	2412	(1499)
Papeete	145	1142	(710)
Seoul to:			
Auckland	1135	9639	(5989)
Brisbane	940	7720	(4797)
Nadi	1000	8108	(5038)
Singapore to:			
Auckland	1000	8404	(5222)
Bangkok	210	1443	(897)
Christchurch	1010	8400	(5220)
Denpasar/Bali	230	1678	(1043)
Sydney to:			
Auckland	255	2159	(1342)
Bangkok	950	7538	(4684)
Christchurch	250	2124	(1320)
Los Angeles	1330	12053	(7489)
Wellington	300	2226	(1383)
Taipei to:			
Auckland	1110	8884	(5520)
Brisbane	855	6758	(4199)
Tokyo to:			
Auckland	1025	8831	(5487)
Christchurch	1110	9387	(5833)
Nadi	830	7111	(4419)
Toronto to:			
Honolulu	950	7465	(4639)
Vancouver to :			
Honolulu	540	4350	(2703)
Wellington to :			
Apia	430	3313	(2059)
Brisbane	345	2509	(1559)
Melbourne	355	2590	(1609)
Nadi	340	2631	(1635)
Sydney	335	2226	(1383)

GREENLAND
ICELAND
Reykjavik
Keflavik
Akureyri
Vatna Jokull
Hudson Bay
CANADA
Edmonton
Saskatoon
Calgary
Regina
Winnipeg
VANCOUVER
Vancouver Island
Seattle
ROCKY MOUNTAINS
Lake Superior
Lake Huron
Lake Michigan
Lake Ontario
Lake Erie
TORONTO
Montreal
UNITED STATES
Denver
Chicago
New York
Washington D.C.
Pawnee City
Kansas City
San Francisco
LOS ANGELES
San Diego
Atlanta
Bermuda
Gulf of Mexico
BAHAMAS
MEXICO
Mexico City
CUBA
DOMINICAN REPUBLIC
Santo Domingo
PUERTO RICO
San Juan
Caribbean Sea
Port of Spain
TRINIDAD & TOBAGO
PANAMA
VENEZUELA
Bogota
COLOMBIA
Equator
Tropic of Cancer
Tropic of Capricorn
ATLANTIC OCEAN
BRAZIL
Lima
BOLIVIA
Rio de Janeiro
Sao Paulo
ARGENTINA
Santiago
URUGUAY
Montevideo
Buenos Aires
Falkland Islands
Stanley
SOUTHERN OCEAN
Pitcairn Island
Easter Island
PAPEETE
UNITED KINGDOM
Edinburgh
Glasgow
Manchester
Birmingham
LONDON
North Sea
Rotterdam
Berlin
GERMANY
FRANKFURT
Prague
Paris
Zurich
Berne
AUSTRIA
FRANCE
SWITZERLAND
NORWAY
SWEDEN
Stockholm
PORTUGAL
Madrid
SPAIN
Valencia
Rome
Mediterranean Sea
NIGERIA
KENYA
ZIMBABWE
Johannesburg
REPUBLIC OF SOUTH AFRICA
Cape Town
135
120
105
90
75
60
45
30
15
West from Greenwich
0
East from Greenwich
15
30
Operated by Air New Zealand aircraft
Shared services not operated by Air New Zealand aircraft

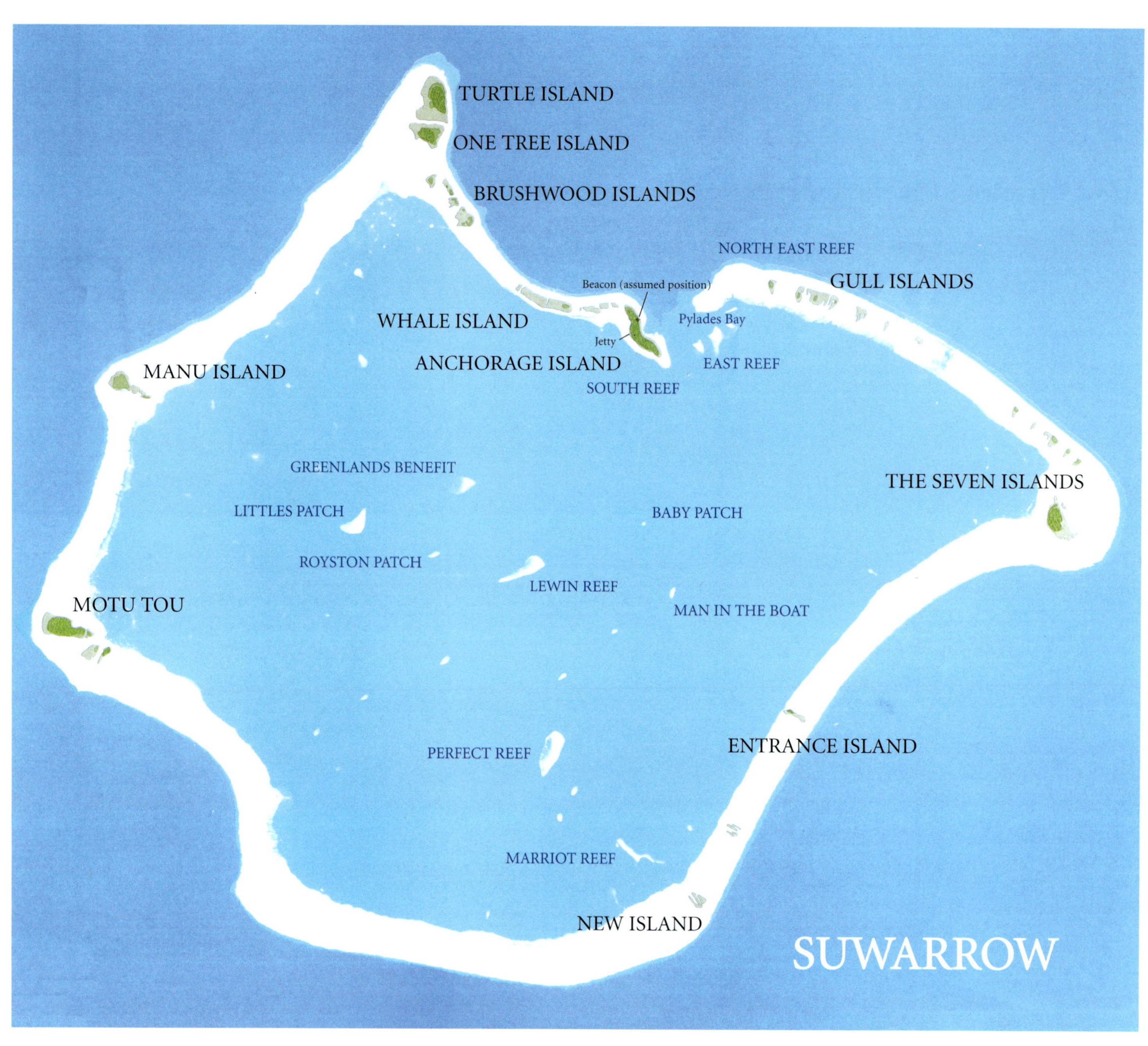

Umschlag: Seevögel über Suwarrow
Kleines Bild hinten: Ein Junger Tölpel namens Lolly